SECRETOS DE LA COSTA

Carron Brown
Ilustrado por Alyssa Nassner

Kane Miller
A DIVISION OF EDC PUBLISHING

Las pozas de marea
están llenas de vida.

Si miras atentamente entre
las rocas, debajo de las algas
y en el fondo arenoso, podrás
ver los animales que viven ahí.

Ilumina el reverso de las páginas con
una linterna o míralas al trasluz para
revelar los secretos escondidos en
la poza de marea. Es un mundo pequeño
lleno de grandes sorpresas.

Una poza de marea es un charco que se forma entre las rocas, cerca de la orilla del mar.

¿Ves lo que pasa cuando sube la marea?

¡FuSS! El agua salada del mar llena la poza de marea.

Blop...
  Blop...

Los mejillones que cierran sus conchas azules cuando baja la marea.

Cuando sube, las abren y empiezan a comer.

En las rocas de la poza viven animales.

¿Quién vivirá en estas conchas?

Los percebes que se abren
cuando la poza se llena de agua.
Extienden sus patas y se meten
trocitos de comida en la boca.

Flip   flip

Otros animales también se despiertan.

¿Qué son estos animales con forma de joyas?

¡Sorpresa!

Dos anémonas marinas que buscan comida con sus tentáculos largos y retorcidos.

Comen camarones y peces pequeños.

Los huecos oscuros que hay entre las rocas son lugares perfectos para esconderse.

¿Ves un animal descansando?

¡Clac!

¡Clac!

El cangrejo que levanta las pinzas para atrapar su comida.

El cangrejo se prepara, pero hay otro cazador cerca.

¡Agárrate fuerte!

La estrella de mar que se sujeta a las rocas con unas ventosas tubulares que tiene en la parte de abajo.

Otro animal con ventosas descansa en la poza de marea.

¿Puedes contar sus ocho brazos?

El pulpo que tiene ocho brazos largos
con ventosas en la parte de abajo.

Se arrastra lentamente sobre las rocas.

Hay un animal escondido en la arena.
Solo se ven sus ojos.

¿Qué animal será?

Plas plas

—

Es el pez pequeño que vive en la poza de marea.

Se esconde entre las rocas,
las algas y la arena.

¡Sorpresa!

Es el cangrejo ermitaño que se ha mudado a una caracola que estaba vacía.

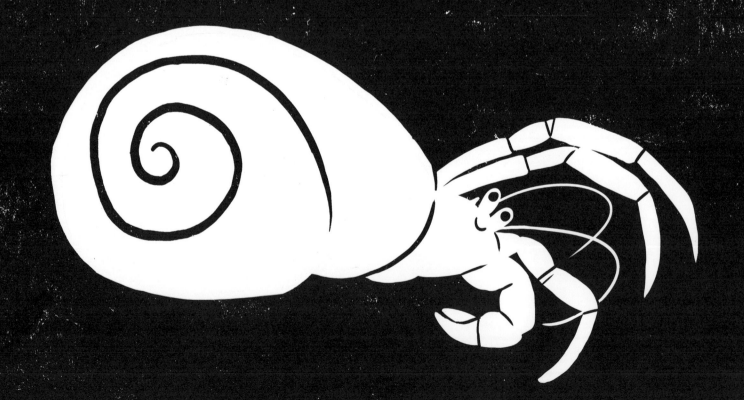

El caracol marino comparte la poza de marea con otros animales pequeños que nadan en el agua.

¿Los puedes ver?

¡Suiss!

Son los camarones que se mueven hacia atrás dando golpecitos con la cola.

Es más fácil ver su cuerpo transparente cuando se mueven.

Algo se mueve en el agua.

¿Qué plantas viven en el mar?

Las algas que se enganchan
a las rocas y crecen
con la luz del sol.

¿Qué se desliza entre las algas?

El caracol marino que busca otras caracolas.

Puede hacer un agujero en la caracola y comerse el animal que hay dentro.

Esta nutria de mar ha visto algo.
¿Ves lo que quiere cenar?

¡Ayy!

La nutria quiere cenar erizos, la mayoría de los animales se mantienen alejados de las púas de los erizos, pero a la nutria le parecen deliciosos.

¿Qué pájaro con el pico anaranjado vive en la costa?

El pájaro ostrero que llama a otros pájaros.

¡Cruaa!

¿Ves lo que encontró el pájaro ostrero en la arena?

¡Es una almeja!

El pico largo del pájaro ostrero es perfecto para encontrar comida enterrada.

Poco a poco, la marea baja y se vacía casi toda la poza.

Los animales y las plantas descansan y esperan a que vuelva a subir la marea.

Aún hay más...

Cuando veas una poza de marea, observa todo con atención.
No olvides mirar entre las algas y en los huecos oscuros.

En la arena Las almejas tienen el cuerpo blando entre dos conchas que lo protegen. Se entierran en la arena y asoman un tubo en el agua por el que se alimentan. Cuando están en peligro, guardan el tubo y cierran las conchas.

Sellado El caracol marino busca alimentos en el agua. Cuando baja la marea, se mete en su caracola y la sella con una sustancia pegajosa que se pega a las rocas.

En las grietas Los cangrejos van a las pozas de marea para comer otros animales. Los atrapan con sus grandes pinzas. Caminan entre las algas y se meten en las grietas para esconderse de los pájaros hambrientos.

En el aire Las gaviotas bajan volando a las pozas de marea y atrapan moluscos con el pico. Después se elevan y los sueltan para que las conchas se golpeen contra las rocas y se abran. Así pueden comer la carne blanda que hay adentro.

A comer Las nutrias sacan erizos marinos y moluscos de las pozas de marea. Para sacar la carne, flotan boca arriba, se ponen el erizo o el molusco encima de la barriga y rompen la concha con una roca.

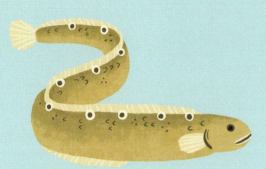

Atrapados Los peces de las pozas de marea suelen ser las crías de peces grandes que viven en aguas poco profundas. Cuando baja la marea, se quedan atrapadas en la poza. Se esconden en la arena, en las algas y en las rocas.

Agarrados Las algas se sujetan a las rocas con sus raíces. Las hojas flotan en el agua y producen alimentos con la luz del sol. Muchos animales que viven en las pozas de marea comen algas.

Cambio de color Es difícil ver un pulpo porque puede cambiar de color y camuflarse. También puede hacer que su cuerpo parezca una roca o el fondo de una poza de marea.

Filtrar Muchos animales de las pozas de marea filtran el agua del mar para conseguir alimentos. Cada vez que sube la marea, la poza se llena de alimentos y nutrientes para los animales que viven ahí.

First American Spanish Language Edition 2019
Kane Miller, A Division of EDC Publishing

Spanish translation by Ana Galán
First published in the US in English in 2014 under the title, *Secrets of the Seashore*.
Copyright © 2014 Quarto Publishing plc

Published by arrangement with Ivy Kids, an imprint of The Quarto Group.
All rights reserved. No part of this book may be reproduced, transmitted
or stored in an information retrieval system in any form or by any means, graphic,
electronic or mechanical, including photocopying, taping and recording,
without prior written permission from the publisher.

For information contact:
Kane Miller, A Division of EDC Publishing
PO Box 470663
Tulsa, OK 74147-0663
www.kanemiller.com
www.edcpub.com
www.usbornebooksandmore.com

Library of Congress Control Number: 2018946305

Printed in China

ISBN: 978-1-61067-912-1